Gudrun Hettinger

Window Color Herbstzeit

CHRISTOPHORUS
BRUNNEN-REIHE

Inhalt

Kürbis, Kastanie & Co.

Den Herbst erleben, das heißt, sich an bunten Blättern, glänzenden Kastanien, leckeren Früchten, farbintensiven Blumen und zwitschernden Vogelscharen erfreuen. Dies ist aber auch die Zeit grauer Regentage, wilder Herbststürme und gespenstischer Halloween-Partys.

Mit farbenprächtigen und ausdrucksvoll gestalteten Window-Color-Motiven, wie knackigen Früchten, lustigen Tieren, witzigen Vogelscheuchen und gruseligen Geistern, können Sie sich diese Stimmungen ins Haus holen.

Lassen Sie sich in den bunten Herbst entführen und dazu motivieren, die unterschiedlichsten Deko-Ideen zu zaubern!

Dabei wünsche ich Ihnen ganz viel Spaß,

Ihre

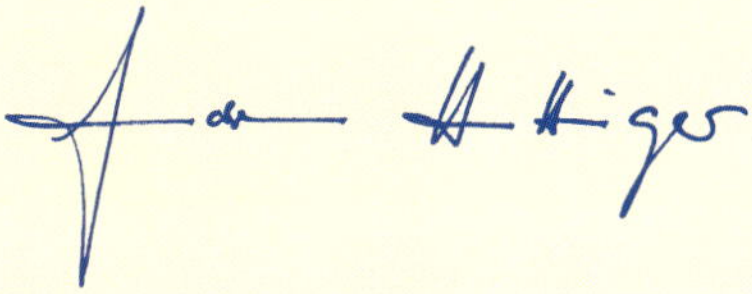

So gehts

1 Die Vorlage unter eine Folie legen oder in eine Prospekthülle schieben. Nur von Spezialfolien oder Folien aus Polyethylen (PE) oder Polypropylen (PP) ist das fertige Motiv später wieder ablösbar. PVC-Folien sind ungeeignet. Die Konturenfarbe entweder direkt aus der Flasche oder mit einer Guttadüse (0,6 - 0,9 mm) aufgetragen. Mit einem speziell entwickelten „Airliner" lassen sich die Konturen einfacher und ohne Druck auftragen. Dabei langsam, gleichmäßig und nicht zu dünn arbeiten. Die Konturen müssen dicht geschlossen werden. Beim Auftrag der Konturen darauf achten, dass die Spitze der Flasche immer gezogen und nicht gegen den Strich geschoben wird. Lückenhafte Konturen können nach dem Entfernen der Vorlage nachgebessert werden. Die aufgetragene Kontur je nach Stärke des Auftrags bis zu ca. zwei Stunden trocknen lassen.

2 Die einzelnen Farbfelder deckend und gleichmäßig direkt aus der Flasche, genau bis zur Konturenlinie, ausmalen, damit Kontur und Farbe verbunden sind. Die Malerei immer wieder gegen das Licht halten, nur so können Lücken festgestellt werden. Bei zu dünnem Farbauftrag lässt sich das fertige Motiv oft nur unvollständig ablösen. Größere Flächen zügig ausmalen, da sonst die Ränder antrocknen und unschöne Übergänge entstehen. Auf kleine Felder Farbtupfen setzen und die Farbe mit einem Zahnstocher oder einer Prickelnadel zum Rand ziehen. Die Farben sind zunächst milchig und werden nach dem Trocknen, nach etwa 24 Stunden, transparent und leuchtend. Nun kann das Motiv vorsichtig von der Folie gelöst und auf allen Glas-, Spiegelflächen sowie auf Fliesen selbsthaftend angebracht werden. Von Kunststoffen aus PVC sind die Motive nicht wieder ablösbar!

Tipps & Tricks

Folien

■ Große Bilder am besten auf Adhäsionsfolie, einer selbsthaftenden Folie, malen. So lassen sie sich problemlos anbringen und wieder ablösen. Motive nach dem Trocknen ausschneiden und die Schutzfolie vor dem Anbringen ablösen.

■ Dauerhaft haltbar bleibt das Fensterbild auch, wenn Sie es auf einer dünnen, stabilen Folie (Mobilefolie, 0,2 mm) aufmalen und danach ausschneiden. Das Bild dann mit dünnen Klebestreifen oder einem Perlonfaden am Fenster befestigen.

Farbauftrag

■ Sehr hilfreich zum Ausmalen ist die Anfertigung einer Farbtabelle, da die Farben teilweise erst nach dem Trocknen ihre völlige Farbausstrahlung bekommen.

■ Flaschen nicht schütteln, da sich sonst ebenfalls Luftblasen bilden könnten. Am besten mit dem Verschluss nach unten in einen Behälter stecken.

■ Luftblasen sofort mit der Nadel aufstechen.

■ Die Farben können auch ohne trennende Kontur direkt nebeneinander aufgetragen werden, ohne dass sie ineinander fließen.

■ Besondere Effekte erzielen Sie durch Vermischen der Farben oder durch Abschattieren. Mit einem Zahnstocher lassen sich die Farben ineinander ziehen oder vermischen.

■ Filigrane Teile oder Zwischenräume aus Stabilitätsgründen mit Crystal ausfüllen. So lösen sich die Teile besser von der Unterlage und sind einfacher wieder anzubringen.

■ Nicht gut deckende bzw. lückenhafte Farbaufträge können stellenweise wiederholt aufgetragen werden. Der erste Auftrag muss jedoch völlig abgetrocknet sein.

■ Weiße Lichtreflexe in den Pupillen lassen die Augen lebendiger wirken. Mit weißem Lackstift einen Punkt auf die getrocknete Farbe auftragen.

■ Den Trocknungsvorgang nie durch Wärmezufuhr beschleunigen, die Oberfläche würde dann rissig werden.

Entfernen & Aufbewahren

■ Motive, die sich beim Entfernen von der Scheibe schlecht ablösen, mit einem Schwamm oder Pflanzensprüher anfeuchten bzw. mit einem Haarföhn vorsichtig erwärmen.

■ Getrocknete Motive nicht aufeinander legen, sie kleben zusammen. Auch zum Aufbewahren immer eine Folie aus PE oder PP dazwischenlegen.

Erntedank

Konturen

- Schwarz

Farben

- Weiß
- Strohgelb
- Pfirsich
- Bernstein
- Rosé mit Weiß
- Signalrot
- Fuchsia
- Himmelblau mit Weiß
- Orientblau
- Apfelgrün
- Grasgrün
- Hellgrau mit Weiß
- Schwarz

Sonstiges

- Mobilefolie, 0,2 mm oder Adhäsionsfolie

Vorlage A

Wildgänse

Konturen
- Schwarz

Farben
- Weiß
- Pfirsich
- Hellblau mit Weiß
- Nougat
- Hellgrau
- Hellgrau mit Weiß
- Schwarz

Sonstiges
- Mobilefolie, 0,4 mm für das große, 0,2 mm für die kleinen Teile
- Perlonfaden

Vorlagen B1 - B3

Gärtner-freuden

Konturen
- Schwarz

Farben
- Weiß
- Goldgelb
- Bernstein
- Hautfarbe mit Weiß
- Pfirsich
- Signalrot
- Fuchsia
- Saphir
- Apfelgrün
- Grasgrün
- Nougat
- Silber
- Schwarz

Sonstiges
- Mobilefolie, 0,4 mm für das große, 0,4 mm für die kleinen Teile
- Perlonfaden

Vorlagen C1, C2

Kürbismäuse

Konturen

- Schwarz

Farben

- Weiß
- Strohgelb
- Pfirsich
- Rosa mit Weiß
- Signalrot
- Himmelblau
- Apfelgrün
- Hellgrau mit Weiß
- Schwarz

Sonstiges

- Windradfolie, 0,4 mm
- Klangstäbe, 4, 6, 8 cm lang
- Perlonfaden

Vorlagen D1, D2

Es regnet

Konturen

- Schwarz

Farben

- Weiß
- Strohgelb
- Bernstein
- Signalrot
- Fuchsia
- Hellblau mit Weiß
- Saphir
- Apfelgrün
- Grasgrün
- Hellgrau
- Schwarz

Sonstiges

- Mobilefolie, 0,2 mm oder Adhäsionsfolie

Vorlage E

Vogel-
scheuchen

Konturen

- Schwarz

Farben

- Weiß
- Goldgelb
- Pfirsich
- Bernstein
- Signalrot
- Fuchsia
- Pfauenblau
- Saphir
- Hellblau mit Weiß
- Apfelgrün
- Grasgrün
- Nougat
- Schwarz

Sonstiges

- Mobilefolie, 0,2 mm oder Adhäsionsfolie

Vorlagen F1, F2

Tiere im Herbst

Konturen

- Schwarz

Farben

- Weiß
- Rosé mit Weiß
- Signalrot
- Saphir
- Apfelgrün
- Grasgrün
- Siena
- Cognac
- Hellgrau
- Hellgrau mit Weiß
- Silber
- Schwarz

Sonstiges

- Mobilefolie, 0,2 mm oder Adhäsionsfolie

Vorlage G

Blütenringe

Konturen

- Schwarz

Farben

- Weiß
- Weiß irisierend
- Strohgelb
- Pfirsich
- Bernstein
- Fuchsia
- Apfelgrün
- Grasgrün
- Nugat
- Schwarz

Sonstiges

- Windradfolie, 0,4 mm

Aus Windradfolie eine Scheibe ausschneiden und bemalen.

Vorlagen H1, H2

Lustige Kürbisse

Konturen

- Schwarz

Farben

- Weiß
- Strohgelb
- Pfirsich
- Signalrot
- Holunder
- Apfelgrün
- Grasgrün
- Schwarz

Sonstiges

- Mobilefolie, 0,2 mm oder Adhäsionsfolie

Vorlagen J1 - J5

Lachende Kastanien

Konturen

- Schwarz

Farben

- Weiß
- Strohgelb
- Bernstein
- Signalrot
- Fuchsia
- Apfelgrün
- Grasgrün
- Blattgrün
- Cognac
- Schwarz

Sonstiges

- Mobilefolie, 0,2 mm oder Adhäsionsfolie

Diese Motive können beliebig als Bandornamente erweitert werden.

Vorlagen K1, K2

Leckere Vorräte

Konturen

- Schwarz

Farben

- Weiß
- Strohgelb
- Pfirsich
- Signalrot
- Himbeere
- Fuchsia
- Blauviolett
- Pfauenblau
- Apfelgrün
- Grasgrün
- Schwarz

Sonstiges

- Diverse Gläser

Die Rückseite der Etiketten nach dem Trocknen mit Weiß grundieren.

Vorlagen L1 - L6

Erdbeer
Himbeer
Kürbis
Kirschen

Kuchen & Schnaps

Konturen

- Schwarz

Farben

- Weiß
- Strohgelb
- Pfirsich
- Signalrot
- Fuchsia
- Blauviolett
- Pfauenblau
- Apfelgrün
- Grasgrün
- Schwarz

Sonstiges

- Diverse Flaschen
- Kuchenhaube

Vorlagen M1 – M4

Geister-stunde

Konturen

- Schwarz

Farben

- Weiß
- Nachtleuchtfarbe Gelb
- Pfirsich
- Signalrot
- Hellblau mit Weiß
- Saphir
- Apfelgrün
- Grasgrün
- Schwarz

Sonstiges

- Mobilefolie, 0,2 mm
- Kronleuchter, 14 cm
- Holzfenster „Halloween“
- Klangstäbe, 4, 6, 8 cm lang
- Klebepads

Geister auf Mobilefolie malen und ausschneiden. Am Fenster vorne festkleben und das Spinnennetz an der Rückseite fixieren. Am Kronleuchter eine Perle aushängen und die Motive an die freigewordene Öse hängen.

Vorlagen N1 - N5

Impressum

ISBN 3-419-56432-5

Styling und Fotos:
Roland Krieg, Waldkirch

Covergestaltung und Layoutentwurf:
Network!, München

Gesamtproduktion:
smp, Freiburg
Layout: Gisa Bonfig, Freiburg

Druck:
Freiburger Graphische Betriebe

Wir sind für Sie da, wenn Sie Fragen haben.
Und wir interessieren uns für Ihre eigenen Ideen und Anregungen.
Schreiben Sie uns, wir hören gerne von Ihnen!
Ihr Christophorus-Team

Christophorus-Verlag GmbH
Hermann-Herder-Str. 4
79104 Freiburg
Tel.: 0761/ 27 17-0
Fax: 0761/ 27 17-3 52
oder e-mail:
info@christophorus-verlag.de

Aus der Brunnen-Reihe

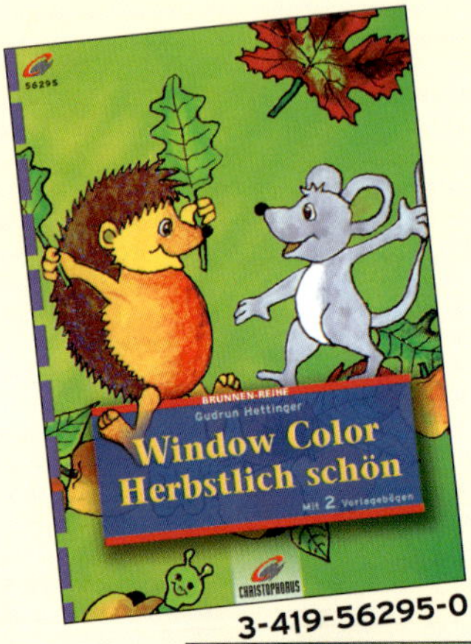

3-419-56295-0

3-419-56322-1

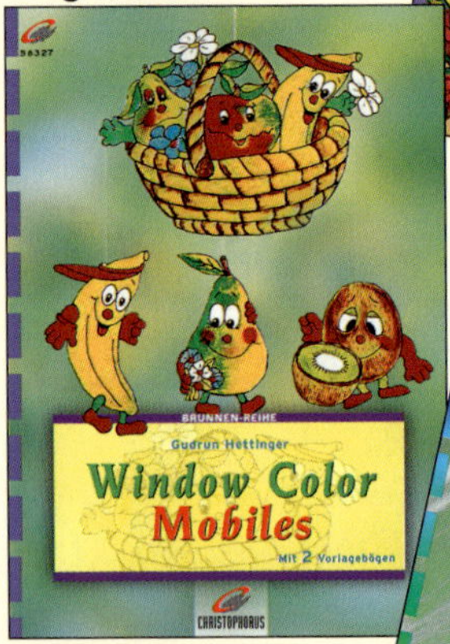

3-419-56327-2

3-419-56311-6

3-419-56394-9